AF448541

ABC
poemas breves

Antonio Bolívar Cardona

Colección
Sembremos Arte

ABC
poemas breves

Antonio Bolívar Cardona

Ediciones Grainart

ABC Poemas Breves
©Antonio Bolívar Cardona
©Colección Sembremos Arte
ISBN: 978-958-49-1455-2
Antonio Bolívar Cardona
bolivarabc@hotmail.com

Diseño y edición: Ediciones Grainart
Compilación y diagramación:
Mónica Patricia Ossa Grain
Diseño de Carátula:
Helen Vanessa González Ossa
Obra portada: Carlos Humberto Murillo
Serie Ecos del paisaje
Técnica espátula - Óleo sobre lienzo
Correo Carlos Murillo
carlosart5@hotmail.com

Ediciones Grainart
edicionesgrainart@gmail.com
edicionesgrainart@hotmail.com
Contacto: 3148685940

Impreso y hecho en Colombia.
Printed and made in Colombia

Santiago de Cali – Valle del Cauca
Julio de 2021

*Dedico esta obra a Carmen Elisa,
José Luis, Javier Eduardo,
Alejandra y Mariana.*

A mis hermanos.

Nota del autor

Gracias a la bondad de la poeta Mónica Patricia Ossa y la Fundación Grainart, puedo compartir con ustedes las presentes líneas.
Me siento honrado por la inclusión en la Colección "Sembremos Arte" y aplaudo la tarea de difusión emprendida por la poeta del amor y el mar.

Tu presencia

Tambien tú cantas
Eres como la canción
que estrena
el pájaro en la rama.

Antonio Bólivar Cardona

Antonio Bolívar Cardona

Flor de agua

Amarte
es encontrar
una flor de agua
en el corazón
de los incendios.

Voy a pintar

Préstame tu pecho
para pintar mariposas azules
después tu espalda
para dibujar
la espuma de las olas
el nácar de las caracolas
y el corazón del mar.

El de los martes

Hoy me atrapó la lluvia
me confinó bajo un alero.
No te pude escribir
el poema de siempre,
tampoco llevaba
papel, ni lapicero.

Embrujo

Voy extraviado
bajo el embrujo
de tus besos.
Y tu piel me llama
hacia la llanura
de cristal de tus sentidos.

Por eso eres mujer

Si no fueras mujer,
serías flor, azúcar,
galaxia misma,
tendrías que ser mar,
pájaro, lluvia.

Aún no

Amor no te vayas todavía,
reposa, duerme en mis brazos,
que aún no llegan la luz
ni los sonidos que inauguran
amorosamente el nuevo día.

Primero

El mundo no es el mismo
sin el milagro de tu piel,
sin tu palabra.

Procede pronto

Toma las sonrisas
empaca los besos
y déjalos a la puerta
de tu casa
para que cargue con ellos
el recogedor
de los residuos sólidos.

Te escribiré en la internet
aunque no sé si aún vives

Entonces, ¿qué hago,
te escribo o concluyo
que te has marchado
y borro el registro
de tu correo electrónico?

Ensamble

Mis labios coinciden
con los tuyos.
Nos habita el beso.

Olvido

En lugar de tu boca
me entregaste
la ceniza
y fue amargo
el beso
que inauguró el olvido.

Amar de un modo diferente

Huir también
es una forma de amar.
Así nace el olvido
que se aferra a la piel
hasta la tumba.

Antonio Bolívar Cardona

Me duele siempre

Siempre encontraré
ese acostumbrado pesar
que llevas en los ojos.

Melodía nocturna

Suave sonar
de tacones en la calle sola...
Vienes en la noche.

Confesión

No puedo contener
este temblor
de amor que me sacude.
No puedo negar
que eres mi luz, mi sol, mi sal,
agua en mi vida.

Midiendo el tiempo

Me aferro al minutero
de tu reloj
voy contigo,
atado a tu tiempo
a tus plazos
a tus ciclos.

Estás aquí

Registro en mi cuerpo
tu presencia
que sin saberlo
se instaló
al parecer,
aquí, casi en el hueso.

Necesidad

Necesito
todo el Nilo
para apagar la sed
que dejas con
tu ausencia.

Todo sobra

¿Para qué puñales
o proyectiles blindados
si basta con un desprecio
para lograr la muerte?

¿Para qué?

Bien sé que
he de morir.
¿Pero para qué apurar
mi muerte
con tu ausencia?

Antonio Bolívar Cardona

Lumbre y noche

Resigna el sol su lumbre
sobre las montañas
mientras tu cabeza
se recuesta sobre mi hombro.
Luego te propones inventar la noche
cerrándome los ojos.

Alegría

En tu risa
se resume la algarabía
que envidiarían
mil gitanos.

Día octavo

No olvides, de cuando en vez,
mirar fijamente los ojos de tu perro.
El guarda los mensajes de mi corazón.

Entre la bruma

Cantas en los bosques
donde solo hay lunas
y vuelves en la neblina del día
con la sonrisa de haber
atrapado el amor
como un pájaro asustado.

Antonio Bolívar Cardona

Tu tierno discurso

Vendrás a decirme al oído
que me amas
y que el tiempo que huyó
en las aguas del río
nada tiene que ver
con el olvido.

Variaciones

Te amo así, en silencio,
casi sin mirarte.
Te pienso así, sin que lo sepas .
Te extraño así, con pena,
dolorosamente.

No puedo caer

Me sostengo a flote
en las aguas turbias
de los recuerdos.
Cae la noche en la memoria
mientras avanzan
cocodrilos dorados
que olfatean mi carne.

A prueba de corrosión

Ahorra la pena,
¿para qué más lágrimas?
La muerte es inoxidable.

Antonio Bolívar Cardona

Debes saberlo

¿Qué más te puedo decir?,
si afuera llueve sin piedad,
a traición,
a mis espaldas.

¿Qué me dejas?

El bello recuerdo de una
fiesta.
¿Qué te dejo?
No sé,
pregúntale a tu corazón,
sólo el conoce
la respuesta.

¿Dime, qué haces?

Silencio de tus silencios
amargo sabor del llanto,
de tus angustias.
¿Qué haces ahora
con aquellas
cosas calladas del amor?

Bastante atrevido

Por tu cuerpo camina mi nombre.
Por siempre mi corazón te pertenece.

Antonio Bolívar Cardona

Momentos

La línea divisoria
entre la oscuridad de la noche
que se resigna
y la luz que se asoma victoriosa
es el horizonte
que nos regala la vida.

Amoroso ejercicio

Cerca de mi piel
tu voz se hace susurro
y se instala tímida
la humedad del beso.

Hago callar mi corazón
para escuchar el tuyo.

Fontana

Hablas y escucho la voz
de una fontana
y no quisiera que acabara
la canción que nace
en tu garganta.

Solo mía

Me bastó mirar
tus ojos de miel
en el atardecer del día
para saber que serías mía
¡Sólo mía!

Antonio Bolívar Cardona

Mujer de palma

Mujer de palma
mujer de roca ígnea
y de pompones
de azúcares,
paloma enamorada.

Pasa, pasa...

Tu sonrisa
derriba los muros
de mis dudas

Pasa, pasa...

¿Dónde estás?

Todos me preguntan
por mi amada
y yo les contesto
que tú estás
en la nuez
en el corazón
de la manzana.

Búsqueda oscura

Nado en mis aguas
buscando
en la noche oscura
la tierra firme
de tu cintura.

Todo

Sabía su nombre de arrullo
sabía su sed
también su pena.

Aspiración editorial

Quisiera inventar
un diccionario de silencios
para entender
el porqué
de los olvidos.

Actitud

En ti ya no hay
palabras,
solo eres dueña
del silencio milenario
de las piedras.

Una pregunta

Y me pregunto
¿A qué sabe la muerte?

Antonio Bolívar Cardona

No me importa

Mi cuerpo ardió
con tus ofensas.
Calcinado
aún tengo palabras de amor
en mis cenizas.

Tu sabor a vino

Te veo y
te siento pasar
por mi garganta,
lujuriosa, con sabor a vino.

Explicación

Me dices que callo.
¿Acaso no soy
eco de tu silencio?

Búsqueda

Mi perro
reconstruye
el camino
con su olfato.
Ven, amigo,
empecemos a caminar
hasta encontrarla.

Antonio Bolívar Cardona

Rutina

En la rutina
del calendario
se enmohece
mi alma,
gotea al atardecer
la pena
de no verte.

Otra oportunidad

Dádme de beber
porque debo seguir
en esta guerra.
Dejádme las heridas
porque debo acudir
a la cita de la muerte.

Promesa

Por eso, desde estas
mis primeras cenizas
hasta la propia muerte
afirmaré que otra luna
te devolverá tu risa.

Ejemplo de desierto

¿Quién habita mi tiempo adormecido
y quién descubrió tan pronto
mi nostalgia?

Explícamelo tú,
ejemplo de desierto.

Antonio Bolívar Cardona

No lo podía creer

Estabas allí
esperándome...
¡Y traías tan poca ropa!

Dos momentos

Rocé tu piel:
se hizo azul
la tarde entera.

Bebí tus labios
recibí de ti
la vida entera.

Iceberg

Eres un iceberg
en medio
de mi vaso.

Quiero beber
hasta encontrar
los dedos pequeños
de tus pies.

Qué pena contigo

De todos modos
la voz no la he perdido
y no podrás evitar
que me hagas falta.

Antonio Bolívar Cardona

Este es el motivo

Buenos días, son
porque tú estás
y tu palabra es mía.

Mirando el mar

Ven, miremos el mar
y así, indefensos,
como estamos
pensemos en nosotros
y en los pájaros tranquilos
que picotean
la presencia del amor.

Momento

Gota caída
en el espacio
del silencio,
reloj gratuito
de la soledad.

Algo faltó

Algo faltó:
quizás ternura
quizás lumbre
quizás paz.

Antonio Bolívar Cardona

Hojas secas

Está aquí mi hombro
para tu rostro
entristecido
y mis manos
para recoger tu lluvia
y las hojas secas
de tu soledad.

Continuidad

Sigo amando
el lenguaje de tus ojos
y la poesía que llevas guardada
en el recipiente oscuro
de tu silencio.

Deliciosa amenaza

Tus senos me apuntan
despiadadamente
con sus pezones
de pan moreno.

Algo me duele

Si no te veo pronto
algo me duele,
si no te escucho pronto
algo me falta.
Mujer que eres mi amor,
mujer que eres mi patria.

Antonio Bolívar Cardona

Faltante

Me acerco como un cojo
a tu presencia
y aún no acabo de llegar
¿Cuántos días de sol
me faltan para lograr tu sombra?

Pesadumbre

Ven con tu palabra
de amor.

Alíviame esta pesadumbre,
hazlo de prisa.

Las dolidas distancias
de tu ausencia

Te doy así mi amor:
en las transparencias del fuego,
en la ternura incomparable
de los sueños,
en las dolidas distancias
de tu ausencia,
en la obligada tristeza
que le impones a mi vida.

Suficiente

Mejor Señor,
que no me dieras tanto corazón,
porque sería más grande mi dolor,
mi pena.

Efecto

Quédate en la noche,
que la madrugada espere.

Se fue contigo

Atardecido silencio
de mis penas.
Triste diluir del tiempo
que huyó contigo.

Otro pecado original

He sido arrojado
despiadadamente
del paraíso.

Sin quererlo,
me olvidaste.

Amor y flor

.

El desamor pasó como un rastrillo
por tu jardín;
amaste con amor de rosa
pero te olvidaron
con olvido de espina
fracturaron sin piedad
tus sueños de jazmines
y de tímidas bifloras.

Antonio Bolívar Cardona

Decepción

Te confieso
que sigo confundido
al comprobar
en tus ojos
que eres una mujer de paja
de harinas oscuras
de cenizas volcánicas.

Sabes bien donde están

¿Buscas mis manos?
Encuéntralas
en tu piel
que allí
se hicieron caricia.

Dueño

Dueño soy en mis sueños
de la dulzura que imagino
hay en tus besos.
Esclavo soy de la luz
que hay en tus hombros
y en la sensualidad
de tu cuerpo.

A mi regreso

Fue fácil encontrar de nuevo
las huellas
que dejaron mis manos
en las harinas
de tu pecho.

Altas temperaturas

Frotando nuestros cuerpos
encendimos el fuego
ardimos como aceite
ardimos como leños.

Ratoncito

Tú eres
el ratoncito travieso
que de mi corazón
se come el queso.

Marítima, espléndida

Justo te queda el azul.
Tú eres así, marítima, espléndida.

Mi vida contigo

Para recorrer mis caminos
me he ayudado algunas veces
con las muletas de mis afanes
y, otras, deliciosamente ciego,
llevado de tu mano.

Antonio Bolívar Cardona

Canción del amanecer

Espero el amanecer de otro día
cuando tus ojos se pongan
de acuerdo con tu risa
para decirme que esas,
las cosas que te duelen,
son simples cosas de la vida.

Su recuerdo

Cuando pedí
que me mostrarás
lo que llevabas oculto
entre tus manos,
temerosa me mostraste
una flor marchita.
Era el recuerdo de él.

Paciencia en el corazón

Amas con la paciencia de un amante
que comprende que de todos modos
los días para amar
ya no le alcanzan.

S.O.S

Busco la sal,
la miel,
el pan y el aire.
Todo ello tiene nombre de mujer

¡Ayúdenme a encontrarla!

Beso cósmico

Desde mi planeta
impulsado por el combustible
de mi sangre
llegué al tuyo
y en la flor de tu piel
coloqué el primer beso cósmico
de que se tenga sideral noticia.

Visión

Te veo como orilla lejana,
imposible,
y no pueden creer mis ojos
que te amé muchas veces
en esa arena cálida.

Duda que me aqueja

Todos los horizontes
se quedaron habitando
la fascinación de tus ojos.

Dudo ahora si estoy
incluido en la inmensidad
de tus paisajes.

No lo olvides

La mitad
de
esa
lágrima
es
mía.

Antonio Bolívar Cardona

Ofrenda

Para ti aire
de mi mundo.
para ti irremplazable,
para ti que me abres los ojos
para ti que los cierras con un beso.

Yo pecador

Lloro y con ello
lavo el pecado
de quererte tanto,
así, sin permiso
de reyes,
de jueces y notarios.

Te lo ruego

Quisiera que
fueran tus dedos
del adiós
y tus ojos enamorados
los que me despidieran
sin una lágrima.

Resignación

Me llevaré
al más allá
de los recuerdos
la luz eterna
de tus ojos.

Antonio Bolívar Cardona

Presencia alada

En el aire
se sostiene en vuelo
tu vital presencia
ángel, dicen las señoras,
mujer de carne y hueso
les digo al recibirte
entre mis brazos.

Copa de licor

No me conformo con mis labios
sobre el borde de la copa
plena de licor.
Por eso te beberé pacientemente
beso a beso.

Como tatuajes

Fue difícil olvidar
en la piel
la medida de
tus desesperos.

Sigues ahí

Aún gravitan tus ojos
en el espacio
de mis esperanzas
y se prenden al cuerpo
esas miradas tiernas
y el destello alucinante
de los cristales de tu risa clara.

Antonio Bolívar Cardona

Atrevida

Pasas como una diosa
que se ha vestido de negro
para humillar la noche.

Amnesia

Ni la palabra
me recuerda
tu voz
ni el labio
el beso.

Rojo

El
sólo
roce
de
tus
dedos
me
salva
del abismo
del olvido.

Señales

Mujer amada
árbol mío
atraviesas la noche
y olfateas
las inciertas señales
de tu memoria
en mi cuerpo.

Antonio Bolívar Cardona

Pareces un imposible

Hermosa escultura
de flores y de aguas
de frutas y de algas
de oros y palabras.
¡Eres inalcanzable!

Como una espina

Eres espina
en la distancia
capaz de herir
la piel
con tus olvidos.

Ellos

Los pájaros nocturnos
picotean la luna
poco a poco nos dejan
con el corazón
a oscuras.

No tiene caso

Cae la lluvia inútilmente
¿Para qué se repite
si ya hay suficiente
humedad en esos ojos?

Poema 5

Brota agua
por todos los costados
y encima de mí todo
es invierno.

Incrédulo

¿Amaneció?
No lo creo.
Sigo habitando
la noche
de tu ausencia.

Otra manera

Tus manos privilegiadas hablan
tanto y tan bien
como tu boca.

Como para morir

Amor mío
Las horas pasan fatigantes
Tu guardas silencio.
Mi alma se revuelve
como un perro
que no encuentra acomodo
en el estío.

Antonio Bolívar Cardona

Impresión

Fue fácil expulsarme de tu mundo
(quizá nunca llegué a habitarlo)
Fue fácil para ti
ver caer los días.
Para mí fue volver
a recordar
viejas heridas.

Preguntas con pesar incluido

¿Qué será de mis ojos
sin los tuyos
y qué de mi corazón
si el tuyo no llegare
a palpitar?

Arbitrario recuerdo

Sé que vendrás
después
de la lluvia y la ceniza.
Cuando madure este amor
y me des las explicaciones
que aún llevas en los ojos.

Ayúdame

Ayúdame
a superar
las alambradas
de la vida.
Quítame la pesadumbre
de los imposibles.

Antonio Bolívar Cardona

No te puedo mentir

Me conoces muy bien
y sabes dónde me haces falta
y hundes tu dedo para comprobar
la herida.
Y yo no puedo mentir
diciendo que soy feliz
teniéndote a distancia.

La memoria de los días

Sin ti no hay luz
todo es penumbra,
todo se afana en la oscuridad.
Camino
con tu ausencia
por la fatal
memoria de los días.

Memoria tres

Es una herida
que se abre
y cuenta la
crueldad que hubo
en su factura.

Mis palabras

Nunca lo olvides

No hables mal
de los muertos
porque ellos escuchan,
ellos te ven
y tarde o temprano
tendrás que mirarlos
a los ojos.

Antonio Bólivar Cardona

Antonio Bolívar Cardona

Canción Cumbia

Aun suenan
los tambores
respaldando
una letra
impregnada
de sudor
y de sonrisas.

Vuelo en el verano

Del verano
se desprendieron
las palomas
mientras el amor
se asomaba
por el contenido azul
de una ventana.

Fiesta

¿Cuándo harás
de tu amor
doce diciembres?

Retreta

No nací en medio
de la música,
pero la banda del pueblo
me hincha las venas
de trompetas.

Dos de la tarde

Un fulano cualquiera
pasea su miopía,
el testículo atrofiado.
maldice la hora,
el sopor;
en el bus los pasajeros
también cargan su
dosis de violencia.

Sueños del poeta

Llevas siempre
ocultos bajo la chaqueta
calentándolos,
los borradores
de un Premio Nacional de Poesía.

Se repiten

Hartazgos de viandas
y licores
estupidez viviente
vicio romano de Césares
cómo se repiten ahora
cuando aúlla el hambre
en los alrededores.

Día dos

Lleno de oro
el día se va.
Muerdo la felicidad,
como una jugosa fruta.
Tú te quedas.

Nuestra culpa

Llueve una mezcla ácida,
caen piedras
y excremento de pájaros.
¿Son los cambios climáticos?

Odios

Tu boca envenenada
tu piel contaminada
tus huesos cargados de odio
sólo eso le ofreces
al desamparado e ingenuo
de mi corazón.

No hagas tonterías

No intentes ser la trapecista
que decide quedarse
allá arriba, eternamente,
solo para sacarle la piedra
al viejo Newton.

Cuatro

Lágrima roja que deja caer
el cachimbo sobre el agua lenta.
Flota la flor.

Antonio Bolívar Cardona

¡Qué problema!

Las mariposas
definitivamente,
no han podido entender
la estructura del vidrio.

Pena urbana

Volver a aullar
maldecir la calle
y la piedra
y esconder tu nombre
donde pueda olvidarlo.

Reflexión

Sin tener al alcance
la tabla de salvación de los espejos
escribo para no olvidar la vida
para no tenerle miedo
a la muerte.

La música de la noche

Aparecen
las sombras,
los fantasmas quietos de los árboles,
mientras un violín,
de la mano de un hombre solitario,
levemente,
va insinuando la noche.

Van Gogh
(Old mill)

Siempre en la parte de atrás
está la pobreza,
de un modo franco,
aún la vejez ha estado allí
pacientemente,
a esperar que se acabe la vida.

Van Gogh
(Roulline)

Crecerás para esas ropas.
No te apures.
Eso si, cuida que la humedad
y la polilla
te den tiempo de llegar
a las camisa.

Una vez más

Recoger y volver a plantar
colocar los afanes otra vez
en el pecho,
limpiar, unir, cerrar,
dar pan,
es como volver con el amor
que no se ha muerto.

Dedo de tiza

El maestro tiene
su dedo de tiza
y se arruga
entre números y letras.

Antonio Bolívar Cardona

Pereza

La línea recta,
incómoda,
decide arquearse
para seguir
durmiendo.

Así, de esa manera

Llevo conmigo
una sombrilla
para
protegerme
de
la
caída
de
las
estrellas.

Pequeño poeta trabajando

El pájaro
sale temprano de su casa;
en su vuelo
escribe un poema,
el más pequeño, tal vez,
con su pico y sus alas.

Proyectil

La muerte introdujo
un metal infame
en su carne
y le acabó
las fibras de su vida.

Antonio Bolívar Cardona

Mango

Debajo de su cáscara
se refugian las tardes del verano.
Duermen los mangos jugosos
mientras el árbol mira
el paso de las nubes
y se sacude del picoteo
molesto de los pájaros.

Mandarina

Mandarina,
depósito
de jugo entre las ramas,
ríes cuando
desnuda
tu provocadora
presencia está
en mis manos.

Camino de la nada

Se rompieron
las campanas y me llevó
la muerte
entre sus brazos
a explicarme
los misterios
de la nada.

Da igual

El hambre
y la locura
gritan
en las calles
del centro de Medellín,
de Cali o de París.

Antonio Bolívar Cardona

Este mundo apesta

Los buitres se desplazan lentos
en el aire
justo encima de nuestras cabezas.
Olemos a carroña,
este mundo apesta
con nosotros adentro.

Pena inmensa

Vida ciega,
alma,
¡esa que no entiendo!

Prohibición

Herido así,
voy atado dolorosamente
a tus huesos,
a la blancura de tu risa,
sin atreverme a tocar tu piel
que se perfuma en primavera.

Noche de Guali

Noche, noche llena de luceros
como diamantes,
como pequeños
y aislados espejos.

Antonio Bolívar Cardona

Noche III

Noche sin porción
de luna.
Tango que hace
aullar los perros.
Canción mía.

Siloé II

El cemento, el ladrillo
son como la uña, la garra,
que aferra la edificación
a la ladera.

Increíble

Qué dolor:
¡Se suicidó la risa!

Ha sido inevitable

Han odiado mi piel
y mi estatura
y me han dado muerte
muchas veces.

Qué desgracia

Y ¿qué pienso, qué digo,
qué debo decir de
ese hombre en la esquina
potencialmente muerto?

Clandestinamente

Con aerosol
escribiré mis protestas
en las paredes de la noche
cuando los gatos
dejen de hacer el amor
en los rincones.

Cuchicheo

El goteo del grifo
tiene algo de cuchicheo,
de noticiero,
de incansable
comentario de
vecinas desocupadas.

Tenme en cuenta

La vida te convida
a ser feliz:
¡Invítame a esa fiesta!

Antonio Bolívar Cardona

Página en blanco

¿De qué escribo?

¿De qué escribo?
¿Del amor o de la guerra?
Ambos traen la muerte,
si amas es puñal atravesado,
si disparas un arma sin motivo
es negar la vida.
¿Amo o muero?

De tal altura

La paciencia
de mis esperas
para escuchar
una voz de amor
tendrá la dimensión
de una pirámide
en la meseta de Gizeth.

Antonio Bolívar Cardona

Equilibrista

De palabra en palabra,
de gesto en gesto,
la mentira
se articula, se mueve,
como hábil equilibrista.

Diciembre y el chiquillo

La presencia notoria
del chiquillo
anunciándose con su pito
nos sitúa en la ruta
de diciembre.

Infamia 2

Las serpientes
buscan,
en medio de los incendios,
el bosque, las aguas,
pero todo está muerto.

Árbol I

Resignación vertical,
esponja del mundo,
santuario de la vida
agua hecha madera palpitante.

Antonio Bolívar Cardona

Debemos saber

El amor también
se lava, se "lociona"
se plancha, se acicala
con dos toquecitos
en la cara.

Víctima

Las fibras
que amorosamente
unieron las manos
maternales
las rompió sin piedad
el proyectil homicida.

Dolor

Éstas horas sin tu luz,
sin tu voz, sin tu mirada,
duelen como una cruz,
como una espada.

Déjalos que vuelen

No compres una jaula
siembra un árbol
-tenlo junto
a tu corazón-
Que muy pronto
madurarán
sus pájaros.

Antonio Bolívar Cardona

Quizás

Desapareceremos
como los dinosaurios.
¿Quién ocupará mi casa,
si es que no perece también?
¿Quién nos reemplazará?
¿Seremos combustible fósil
 para las naves espaciales?

Dense prisa

¡Vengan!
Dense prisa
miren el jardín:
Los geranios
están ardiendo
en las materas.

Espero

Desdoblaré el signo
de interrogación
 para que abandone
 la costumbre
de hacer tantas preguntas.

Edgar

Poe..ta del miedo
atado a la noche
me llevas contigo
al mundo del hielo
a buscar la calma
de tu corazón.

Te pido un favor

Traéme el poema que te di en septiembre
para agregarle otros versos
y decirte amoroso que eres una fiesta,
que para dicha de tu corazón
se anticipó diciembre.

Engaño

Distraigamos a la muerte
¡invitémosla a la danza!

Futuro

Sólo volarán los sueños
porque para aquel entonces
las aves habrán desaparecido.

Sutil comparación

Sonidos que no tienen igual:
La caída estruendosa de un árbol
bajo la sierra,
el conteo de billetes de banco
y tu voz amada mía.

Antonio Bolívar Cardona

He ahí la diferencia

Pasa un tanque de guerra
por la pradera: siembra muerte.
Pasa un tractor por la tierra blanda:
preparamos nuestros brazos
para recibir la cosecha.

Mujer Azul

Mujer azul. Ángel dorado.
Luciérnaga para mis noches
y destello feliz
para mis días.

Mujer de mis sueños
mariposa eléctrica
pan para mi vida.

Mi defensa

Aplaca las iras de tus ojos
y deja que mi corazón
te platique sobre el cosmos,
los bosques
y la luna tranquila.

No volverá

¿Lo mismo para dos, señor?
-pregunta el que atiende las mesas-
No,
una sola porción,
ella no volverá.

Antonio Bolívar Cardona

Tú, la húmeda

Húmeda mujer
llévame a tus praderas
a la primavera hermosa
de tus frescos muslos
y al bosque susurrante
donde habitan
tus pájaros oscuros.

Quiero pedirte
que me abraces
hasta el anochecer
del día
ultimo
del mes último
del año último
del siglo veintitrés.

Colección
Sembremos Arte

Fundación Grainart

Desde la Editorial

Una colección de libros tiene la importancia de manifestar por parte de los editores, un esquema organizativo de selección con destino a un público lector que confía en la seriedad y reconocimiento

Con ese objetivo, Ediciones Grainart de la ciudad de Cali se complace en presentar la Colección "Sembremos Arte", que cuenta con un escogido grupo de autores tanto nacionales como internacionales cuya meta es compartir la cultura con temáticas y estilísticas variadas.

Pero más que una apuesta editorial, es una confirmación sentida para que los lectores conozcan a este grupo de cultores quienes desde sus letras contribuyen en el desarrollo personal, comunitario y cultural.

Las voces que se presentan en esta colección, les ofrecerán un alto nivel literario, pues han asumido a través de los años, el reto de posesionar la palabra como forma de existencia, aporte a su entorno y dinámica de vida.

La idea de esta colección nació en mayo del 2020 y después de un esfuerzo que desafía los tiempos de pandemia y el entorno difícil de nuestra sociedad, en marzo del 2021 pudimos lanzar el primer número de la colección pues confiamos que la creación literaria debe permanecer siempre inquebrantable, paseándose por las páginas de la historia y colmándola de motivos para resistir y persistir.

Como saben la Editorial y la colección Sembremos Arte, hacen parte de la Fundación Grainart, que ha compartido desde sus talleres literarios libros de diversos autores en gran parte del territorio nacional. Gracias a eso, continua abanderando su lema "Semilla para el arte", en colegios, bibliotecas, centros culturales; así como al público que asiste a los encuentros.

Ahora nos enorgullecemos de poder compartir y dejar en buenas manos, esta colección que es un consolidado aporte a la cultura y a la comunidad.

Antonio Bolívar Cardona

Agradecemos el apoyo de los artistas plásticos Carlos Humberto Murillo y Fabian Paz quienes nos permitieron usar sus obras para las portadas de la Colección Sembremos Arte.

Muchas gracias a todos los escritores por confiar en nuestra labor y permitirnos plasmas sus versos en esta colección.

 Hoy se lanza este libro ABC Poemas breves del escritor y poeta Antonio Bolívar Cardona, quien ha apoyado a nuestra Fundación y asesorado nuestras actividades literarias, con el único fin de hacer su aporte a la cultura.

Muchas gracias a ustedes amigos lectores, a la familia Grainart y a la fe que nos sostiene, pues nos permite seguir aquí, para rendir con acciones el testimonio de nuestras convicciones, presentando esta colección que nace de la esperanza, el respeto y la admiración por la literatura.

Mónica Patricia Ossa Grain
Cali - Colombi

Índice

ABC Poemas Breves
©Antonio Bolívar Cardona
©Colección Sembremos Arte
ISBN: 978-958-49-1455-2
Antonio Bolívar Cardona
bolivarabc@hotmail.com

Diseño y edición: Ediciones Grainart
Compilación y diagramación:
Mónica Patricia Ossa Grain
Diseño de Carátula:
Helen Vanessa González Ossa
Obra portada: Carlos Humberto Murillo
Serie Ecos del paisaje
Técnica espátula - Óleo sobre lienzo
Correo Carlos Murillo
carlosart5@hotmail.com

Ediciones Grainart
edicionesgrainart@gmail.com
edicionesgrainart@hotmail.com
Contacto: 3148685940

Impreso y hecho en Colombia.
Printed and made in Colombia

Santiago de Cali – Valle del Cauca
Julio de 2021

www.ingramcontent.com/pod-product-compliance
Lightning Source LLC
Chambersburg PA
CBHW051436140726
47987CB00006B/2403